Doung Si-Young

시인 동시영

신이 걸어 주는 전화

동시영 시집

신이 걸어 주는 전화

Poetics 시학

■ 시인의 말

나를 지나간 시간의 꽃 위에
잠깐씩 내려앉았던 나비 같은 말들이
여기 모여 있습니다
어쩌면
그들은
나도 모르는 누가
내게 말 걸어 온 언어들인지도 모를 일입니다
살아간다는 건 사실 얼마나 외로운 일입니까
이 한 권의 시집도 책으로 걸어 보는
한 권의 말일 뿐입니다
누가 있어 메아리처럼 대답이라도 하신다면
얼마나 서로 더욱 행복해질 수 있겠습니까
저기
저만큼
메아리 속에
황홀한 소리무지개가 떠오르고 있네요

2009년 10월

동시영

차 례

나무와 새

나무가 새의 그네인가 했더니
날아간 새가
나무의 그네였네

산행

오르라 하는 산봉우리

내려가라 하는 계곡물

오르락내리락 하는 사람들

봄그네

버드나무에 올라간
봄이

그네를 타고 내려오네

나무는

더울수록 옷을 입고
추울수록 옷을 벗네

낚시

고구마를 잡아 올리려고
고구마 싹을 심네

먼 바다까지 낚싯줄 풀리겠네

눈꽃

눈도
나무에
내려야만 꽃이 된다

게 한 마리

한 마리 더 주세요 하고 내 바구니에 잡아 넣으니
도로 기어 구럭으로 들어가네 게 한 마리
아마 너무 깎는가 보다

젓가락 대화

젓가락이 그릇에 닿으며
'맛있게 드세요' 한다

물건들도 서로 만나면
대화를 트고 사교를 한다

모더니즘 까치

한 나무에 층층이 세 집
드나드는 까치의 얼굴이 다르다
요즘엔 까치들에게도 아파트가 인기인가 보다

하늘 그림

별 총총 못 박아
하늘에 걸었구나

달이 그리는
저 하늘 그림

후회

부르지 않아도
자주 찾아오는 후회

후회만큼 비싼 건 없다

기미

내가 해변을 거닐 때
태양이 나를 거닐었구나
얼굴 위의 태양 발자국
기미

소리 향기

새들 울음소리가
우울의 가지를 잘라 주고 가네

꽃보다 향기론 새소리

주름에 관하여

주름은 휴식
수십 년의 긴장을
이랑이랑 내려 놓는다

중매쟁이

빈 들판에
씨를 뿌리네

중매쟁이 농부의
바쁜 손이 거룩하네

풍선

얌전하던 풍선에
바람이 들어가자
이내 바람나는 풍선

한 번 바람이 나더니
아예 바람을 타고 다닌다

거울의 사상

거울은 망각의 천재

보이지 않으면
바로 잊는

눈으로만

거울 앞에선
누구나 유일무이의 귀중품

만지지 마세요

눈으로만 보세요

차는

물에 빠져야만
제 속 깊은 맛을 보여 줄 수 있다

엔틱 시계

이 시계 얼마예요?

오래된 거라 좀 비싼데요

오래됐다구요?

지금 열두 시 십 분인데

이 시계도

열두 시 십 분인데요?

임신 현상

사람이 집이 된다
애기를 가지면

저녁 등불

어두워지자
잠자던 불들이 다들 깨어난다

불들은 저녁이 새 아침이다

목그네 랩소디

목걸이가
온종일 내 목에 걸려
그네를 탔네

참 호사웠겠다

거울 보기

아무리 잘 못해도
다
봐 준다

아이스크림

달콤한 혀의 가르침
놓쳐 버린 기회는
녹아 버린 아이스크림

감자를 심으려다

개미 집을 철거했다
개미들이 몰려다니며
와와 우우 데모를 했다

외눈박이 세상

낮에는 해
밤에는 달
하늘은 외눈박인가

새우젓 팔아요

재래시장 반찬가게에 써 붙인
'새우젖 팔아요!' 글귀 속에
새우들 눈빛이 반짝인다
ㅅ을 ㅈ으로만 쓰면 눈꼽만한 새우도
젖이 줄줄 나오게 할 수 있다

개

개는
소리로 귀를 문다

무엇?

무엇을 찾다가
무엇을 찾으려 했는지를 잊어버렸다
무엇이 무엇을 찾으려고 했는지를 찾고 있었다

시는

가끔씩
신들이 지상으로 걸어 주는 전화

봄꽃

겨우내 참았던 속내를
다 드러내 토악질하며

시원하게 웃고 있다

지구가 공인가?

이른 아침 운동장에
참새 몇 마리들이 이리저리 뛰며 몰려다닌다

저
조기 축구팀에겐
지구가 공인가?

영웅 본색

봄이 오자
나무와 꽃들이 일제히 본색을 드러낸다

나는 노랭이라고
빨갱이라고
아니 파랭이라고

새싹 세상

겨우내 땅 밑 뿌리들이 몰래 엉겨
사랑을 나누더니

새싹 아이를 쑥쑥 잘도 낳고 있구나

어느 무주택자를 위한 생각

조개 껍질
소라 껍질
굴 껍질

바닷속에도 무주택자들이 있을까?

빗자루 명상

나무는 거꾸로 선 빗자루
오늘도
하루 종일
허공을 쓸고 있다

볼펜의 일생

거꾸로 서서
먹은 것을
다 토해 내야
비로소 편히
쉴 수 있다

꽃피는 봄날

매화는 잠 깰 듯 피고
개나리 나설 듯 피고
진달래 숨었다 들킨 듯 연분홍 피고
목련은 켜는 듯 환하게 피고
벚꽃은 애간장 녹일 듯 피고
동백은 불 뿜는 듯 피고
싸리꽃 끓는 듯 피더니
밤하늘
갓 피어나는
저
초생달

꽃샘 추위

봄이 왔는데도
큰 나무들은 내다보지도 않는다

나무도 나이를 먹으면
호기심이 적어지나?

일찍 봄 구경 나온 어린 개나리가
꽃샘 추위에 노랗게 질려
하들하들 떨고 있다

외계인 명상

갓 태어났을 땐
우리도
다들 외계인이었다

미꾸라지 기억

기억은 미꾸라지
전화번호 한 마리를 잡아
겨우겨우 밀어 넣었는데
어디로 빠져나갔네

해질녘

온종일
잘 익은 해가
나뭇가지에 열려 있다

밤이 따라 올 것이다

트로이의 목마

이른 아침
자동차들이 은밀하게
도시로 잠입한다

하루와 싸울 병정들을 태우고

교차로 사주팔자

교차로에 모인
자동차들도 사주팔자가 다 다른가?

좌회전이냐?
우회전이냐?
아니면 직진이냐?

교차로에서 운명이 갈린다

낙화 노을

해설피 꽃이 지면
향기도 지고

꽃 보던
시선도 노을에 지고

애피타이저와 디저트

하루의

여명과 석양

애피타이저와 디저트

매화꽃타령

매화꽃 틈으로
하늘을 보면
봄볕이
자꾸만 매화 항아리를
구워 내고 있다

물에 빠지기

큰 물 진 뒤
한강변

물고기 한 마리
깊은 물에 빠져 죽었다

아! 위험한 물

봉사 활동

아파트 산책길
낯설게 들려오는
산새 노랫소리
한창 봉사 활동 중이로구나

눈 내리는 밤

하늘에선
겨울이 봄인가 보다

얼마나 많은 꽃이 피어 있으면
이렇게 많은 꽃이 지고 있을까?

화살과 방패

비가 화살을 쏘아대자
우산 방패로 막는다

귀걸이

왕비가 주인인가 했더니
귀걸이가 왕비의 주인이네

오래 살아야 주인이네

비

비가 온다

어느 산 애기풀이 하늘에 고했을까

목마르다고

보리

뜰에 보리 한 줌 심었다
고향이 무얼하고 있는지 알기 위해

꽃잎 지다

꽃이 진 나무에
꽃잎 하나 남았네
저
마침표

불꺼진 창

꽃 진 나무는
불꺼진 창이네
누가 꺼 버렸을까
그 생의 꽃불

쉼터

온종일 아무것도 하지 않았다
가장 편한 쉼터는
결국 나였다

만추

슬픔 없이 우는 배우처럼
낙엽이 슬픔 없이 지고 있다

소나기

오후 세 시
소나기 물냉면

들이 새참을 먹는다

가을 집은

들국화 문패를 달고
풀벌레 풍경을
매달고 있구나

신이 타는 자동차

자동차는
어디로 가는지도 모르면서 달린다
우리도 신이 타는 자동차

갈대

깃털의 꽃
손짓의 꽃
갈대에 오르면
가을이 보인다

옥수수 단상

수수보다
예쁜 이름
옥
수
수
돋아 줄 선 밥
치열이 가지런히 빛난다

산

높이는
고독을 재는 자

높아질수록
고독해지는
산

입춘

오고 있는 꽃들을
마중가야 하는 때

가을에

여름내
농부의 땀방울을 거두어 가더니
비로소 푸른 하늘에
붉은 사과를 주렁주렁 달아 놓았구나

꿈카페

꿈은
잠의 카페
약속 없이도
사람들을 잘 만나는

강화 기행

강화 바다에 갔었다
안으로 잠긴 갯벌
열쇠 구멍만 가득했다

집에 온 나도
열쇠 구멍으로 들어와
꽃게처럼 앉아 본다

아카시아

싱싱한 흰 이빨로
초여름 자근자근 깨무네

흐르는 오월의 즙
바람 속에 뜨는 향 돛단배

밤

밤은 낮의 메아리

눈먼 자의 눈
숨어 있기 놀이
불빛에 빛나는 검은 보석
까만 옷만 입는
단벌 신사

시간

이 순간은
무엇을 펴 올리라는
두레박인가요?

거대한 거울

세상은 거대한 거울
오래도록
보이지 않던 것들도
다 보여 주는

글쓰기

나는 글을 쓰고

글은 나를 쓴다

우리는

인생은 마침표 없는
되돌이표인가
되돌이표 없는
마침표인가

시간 명상

시간은
삶의 시장에서 쓰는
화폐

목소리

목소리는 생의 배에 달린 뱃고동

고요

아주 작은 소리도 들리게 하는
확성기

인수봉

흐린 날
인수봉이
잘 생긴 얼굴을 구름에 풀어 날고 있네
가끔씩은
돌에도 날개가 돋는구나

구름 · 천둥 · 비

구름은 원형의 방석이며
천둥은 삼각형 꾸지람
비는 직선의 춤

비의 귀향

빗소리는 땅으로의 귀향을 알리는
물의 발자국 소리

시인 동시영/ 董時泳

충북 괴산 출생

동국대 국문학과 및 한양대 대학원 졸업(문학박사)

독일 Regensburg대학교 인문학부 수학

2003년『다층』으로 등단

시　집:『미래사냥』『낯선 神을 찾아서』

시화집:『하늘 정원을 꿈꾸다』

저　서:『현대시의 기호학』『노천명의 시와 기호학』『한국문학과 기호학』, 공저『우리 문학과 언어의 재조명』『1950년대 한국문학연구』『언어와 문학의 새 연구』

설송문학상 수상, 한국문화예술위원회 창작지원금 받음

현재 한국관광대학 교수

신이 걸어 주는 전화

지은이 | 동시영

펴낸이 | 설보혜

펴낸곳 | Poetics 시학

1판1쇄 | 2009년 10월 30일

출판등록 | 2003년 4월 3일

주소 | 서울 종로구 명륜동1가 42

전화 | 744-0110

FAX | 3672-2674

값 10,000원

ISBN 978-89-91914-70-4 03810